MERCI Maîtresse !

(ou Maître, bien sûr !)

Albin Michel

Cet album
vous a été offert
PAR LA CLASSE DE

....

DE L'ANNÉE

.... / ....

CETTE CLASSE ÉTAIT
CONSTITUÉE DE :

Introduction

Le livre que vous tenez entre vos mains n'est pas n'importe quel livre. Sa particularité ? Il a besoin de vous pour exister. Alors, élèves, parents, collègues et professeur.e.s des écoles, à vos stylos !

Donnez vie à cet album en trois étapes !

LE TEMPS DES DÉCLARATIONS

Élèves, mais aussi parents et collègues, participez ensemble à l'élaboration d'un cadeau original pour une maîtresse ou un maître ***en or***. Replongez dans vos souvenirs et ouvrez votre cœur aux professeur.e.s en répondant à une série de questions, en improvisant un petit texte ou en dessinant (oui, vous avez le droit de dépasser).

LE TEMPS DES CONFIDENCES

Professeur.e.s des écoles et élèves, c'est à vous de jouer ! Avant de partir à la plage, prenez le temps de savourer cette dernière journée d'école en la célébrant tous ensemble. Rassurez-vous, nous avons tout prévu : laissez-vous guider et naviguez parmi les différentes activités que nous avons spécialement concoctées à votre intention pour l'occasion. Sessions de confidences entre élèves et professeur.e.s., levers d'ardoise, énigmes... il y en aura pour tous les goûts ! Vous finirez presque par regretter que l'année s'achève.

LE TEMPS DU BILAN

Maîtresses et maîtres, vous recevez ce livre car cette année, vous avez été ***ex-tra-or-di-nai-res !*** Le quotidien d'un.e professeur.e des écoles n'est pas un long fleuve tranquille, nous le savons ; pourtant, vous avez fait en sorte de rendre chaque journée passée à l'école spéciale aux yeux des enfants. De la différence de prononciation entre « œil » et « ail » à la technique de la soustraction, ces derniers auront appris un tas de choses grâce à votre goût pour la transmission, à votre patience et à votre bienveillance. Mais, à présent, c'est à vous de faire le bilan : que retenez-vous de cette année ? Quelles ont été ses réussites ? Et, au contraire, que ferez-vous différemment l'an prochain ? Vous aurez même le droit d'inscrire le nom de votre chouchou. On ne dira rien, promis !

À vos marques, prêts... écrivez !

Sommaire

Mode d'emploi

POUR LES PARENTS QUI OFFRENT CE LIVRE

Vous avez acquis ce carnet pour l'offrir à la maîtresse ou au maître de votre enfant. Que faut-il faire à présent ? Ce livre peut tout à fait être offert tel quel jusqu'au matin du dernier jour de classe. Dans ce cas, l'enseignant.e se chargera de le faire remplir aux élèves en suivant les indications pages 8-9.

LE TEMPS DES DÉCLARATIONS

Les pages dédiées aux élèves (pages 14 à 83)

Ces pages peuvent être remplies lors du ou des derniers jours de classe par les élèves. Cependant, si vous avez un peu de temps, vous pouvez prendre de l'avance en faisant remplir ces pages au maximum d'élèves avant la remise du livre. Attention de bien laisser libre le petit cadre réservé à l'enseignant.e !

L'espace dédié aux parents (pages 84 à 87)

Il peut également être rempli par le maximum de parents en amont.

L'espace dédié aux autres enseignant.e.s (pages 88 à 91)

Enfin, l'espace dédié aux autres enseignant.e.s de l'établissement a été conçu pour être rempli par ses collègues sur demande de la maîtresse ou du maître qui a reçu le cadeau, lors de la récréation ou d'une pause déjeuner. Si vous le souhaitez et que vous en avez la possibilité, vous pouvez bien sûr le faire passer en amont !

LE TEMPS DES CONFIDENCES

Ce chapitre a été conçu pour qu'un joli moment d'échange ait lieu entre l'enseignant.e et ses élèves lors du ou des derniers jours de classe. Pas besoin, donc, de toucher à cette partie.

LE TEMPS DU BILAN

Ce chapitre est réservé à la maîtresse ou au maître : elle ou il pourra y consigner ses souvenirs, faire le point sur son année, ou encore coller la photo de classe une fois les au revoir terminés !

Pour résumer, vous pouvez remplir en amont les pages suivantes : pages 16 à 83, 84 à 87 et 88 à 91.

Mode d'emploi

POUR LA MAÎTRESSE OU LE MAÎTRE QUI REÇOIT CE LIVRE

Vos élèves vous ont offert ce carnet pour vous remercier d'avoir été une super maîtresse ou un super maître cette année. Que faut-il faire à présent ?

SI LES PARENTS ET LES ÉLÈVES ONT DÉJÀ REMPLI LA PREMIÈRE PARTIE DU CARNET (LE TEMPS DES DÉCLARATIONS)

★ Assurez-vous que *TOUS* les élèves aient pu remplir leur partie s'ils le souhaitaient. Si quelques élèves n'ont pas encore pu participer, vous n'aurez qu'à faire passer le carnet à compléter.

★ Concentrez-vous sur *Le temps des confidences* (deuxième partie, page 93), et suivez tout simplement les consignes des activités proposées pour cette dernière journée (2 heures environ si vous décidez de tout faire).

★ Vous pourrez vous pencher sur *Le temps des déclarations* (première partie, page 13) et sur *Le temps du bilan* (troisième partie, page 107) lorsque l'année scolaire sera officiellement terminée et que vous serez en vacances.

SI LES PARENTS ET LES ÉLÈVES VOUS REMETTENT LE CARNET VIERGE

Une demi-journée suffira largement pour le remplir.

Et puis le faire tous ensemble en classe pourra même se révéler encore plus amusant !

LE TEMPS DES DÉCLARATIONS

Les pages dédiées aux élèves (pages 14 à 83)

Temps estimé : 1 heure 30, pendant laquelle la classe peut s'adonner à d'autres activités. Le livre passe d'élève en élève, tel un livre d'or.

Ces pages sont à faire remplir aux élèves le ou les derniers jours de classe. Faites circuler le carnet parmi les élèves, en prenant bien soin de leur montrer avant la double-page modèle (pages 14-15) : ils pourront s'en inspirer pour compléter les cases qui leur sont dédiées et ne pas empiéter sur la partie qui vous est réservée (et que vous pourrez remplir ensuite).

L'espace dédié aux parents (pages 84 à 87)

Profitez de la sortie d'école et des au revoir de fin d'année pour faire remplir ces lignes à quelques parents.

L'espace dédié aux autres enseignant.e.s (pages 88 à 91)

Faites remplir cet espace à vos collègues préféré.e.s durant la récréation ou la pause déjeuner. Bon, OK, si vos collègues ne sont vraiment pas sympas, vous êtes dispensé.e.

LE TEMPS DES CONFIDENCES

Temps estimé : 2 heures

Cette partie a été conçue pour qu'un joli moment d'échange ait lieu entre vos élèves et vous lors du dernier jour de classe. Suivez donc le déroulé des activités prévues à cette intention et savourez vos dernières heures de l'année en tant que maîtresse ou maître en répondant, entre autres, aux questions les plus indiscrètes de vos chenapans.

LE TEMPS DU BILAN

Ce chapitre vous est exclusivement réservé. Par conséquent, vous êtes libre de le remplir quand bon vous semble. Le but est que vous puissiez garder une trace plus personnelle de cette année en y consignant vos souvenirs, mais aussi que vous puissiez faire un point sur votre expérience en tant qu'enseignant.e afin d'enrichir votre pratique l'année suivante. Alors, découpez, collez, écrivez, et donnez libre cours à votre créativité et à vos pensées !

En résumé, vous pouvez remplir à l'école avec votre classe les pages suivantes : pages 16 à 83, 84 à 87, 88 à 91 et 94-95.

« Adieu, monsieur le professeur.
On ne vous oubliera jamais.
Et tout au fond de notre cœur,
Ces mots sont écrits à la craie. »

Adieu monsieur le professeur, Hugues Aufray

« Ce professeur-là n'inculquait pas un savoir, il offrait ce qu'il savait. »

Daniel Pennac

Les enfants ont des ailes, les enseignants leur apprennent à voler.

« Si j'étais directeur d'école, je me débarrasserais du professeur d'histoire et je le remplacerais par un professeur de chocolat ; mes élèves étudieraient au moins un sujet qui les concerne tous. »

Roald Dahl

« Éduquer l'esprit sans éduquer le cœur n'est pas éduquer du tout. »

Aristote

Les meilleurs enseignants sont ceux qui vous montrent où regarder, mais pas quoi voir.

« Les meilleurs professeurs sont ceux qui savent se transformer en pont, et qui invitent leurs élèves à les franchir. »

Níkos Kazantzákis

« L'éducation est l'arme la plus puissante que l'on peut utiliser pour changer le monde. »

Nelson Mandela

Les vrais héros ne portent pas de cape : ils enseignent !

« Tout homme qui a été professeur garde en lui quelque chose de l'écolier. »

Alfred de Vigny

LE TEMPS DES *déclarations*

Nous n'en doutons pas, vos élèves vous ont témoigné des marques d'affection toute l'année... Mais il semblerait qu'ils aient encore quelques petites choses à vous dire. Les parents et les collègues ne sont pas en reste : eux aussi meurent d'envie de laisser leur empreinte de façon durable dans ce carnet. Alors, Maîtresse, Maître, vous ne partirez pas en vacances tant qu'élèves, parents et collègues ne vous auront pas livré leurs plus douces déclarations ! Préparez vos mouchoirs...

Paroles d'élèves

Chaque élève a des choses à dire à sa maîtresse ou à son maître.
Si tous les élèves ne l'ont pas déjà rempli, faites passer le livre dans la classe pour que chacun puisse vous glisser ses dernières confidences.

Temps estimé si réalisé en classe : 1 heure 30, pendant laquelle la classe peut s'adonner à d'autres activités. Le livre passe d'élève en élève, tel un livre d'or. Bien sûr, si les élèves sont trop jeunes pour le remplir en autonomie, vous ou une ATSEM pouvez les aider à s'exprimer et écrire pour eux.

MODÈLE

Je m'appelle :

Jean Bonbeurre

Le moment que j'ai préféré cette année :

Le carnaval de l'école

Ce que j'ai préféré apprendre :

L'histoire de Vercingétorix

Une qualité de la maîtresse ou du maître :

Elle nous encourage toujours !

Mon message à la maîtresse ou au maître :

Merci Maîtresse de dire toujours « Très bien » quand on participe en classe, même quand on ne donne pas la bonne réponse, et de nous aider à trouver la réponse tout seuls. On n'a jamais l'impression de dire une bêtise. Merci aussi pour votre gentillesse, je ne vous oublierai pas.

Le souvenir que la maîtresse ou le maître gardera (et c'est elle ou lui qui remplira cette case !)

Jean est un élève qui a toujours le sourire et le mot pour faire rire ses camarades. Je me souviendrai longtemps de sa réponse à la question « Quel est le contraire d'adroit ? »
« Agauche ! »

Je m'appelle :

Le moment que j'ai préféré cette année :

Un dessin ?

Ce que j'ai préféré apprendre :

Une qualité de la maîtresse ou du maître :

Mon message à la maîtresse ou au maître :

Le souvenir que la maîtresse ou le maître gardera
(et c'est elle ou lui qui remplira cette case !)

Je m'appelle :

Le moment que j'ai préféré cette année :

Un dessin ?

Ce que j'ai préféré apprendre :

Une qualité de la maîtresse ou du maître :

Mon message à la maîtresse ou au maître :

Le souvenir que la maîtresse ou le maître gardera (et c'est elle ou lui qui remplira cette case !)

Je m'appelle :

Le moment que j'ai préféré cette année :

Un dessin ?

Ce que j'ai préféré apprendre :

Une qualité de la maîtresse ou du maître :

Mon message à la maîtresse ou au maître :

Le souvenir que la maîtresse ou le maître gardera
(et c'est elle ou lui qui remplira cette case !)

Je m'appelle :

Le moment que j'ai préféré cette année :

Un dessin ?

Ce que j'ai préféré apprendre :

Une qualité de la maîtresse ou du maître :

Mon message à la maîtresse ou au maître :

Le souvenir que la maîtresse ou le maître gardera
(et c'est elle ou lui qui remplira cette case !)

Je m'appelle :

Le moment que j'ai préféré cette année :

Un dessin ?

Ce que j'ai préféré apprendre :

Une qualité de la maîtresse ou du maître :

Mon message à la maîtresse ou au maître :

Le souvenir que la maîtresse ou le maître gardera
(et c'est elle ou lui qui remplira cette case !)

Je m'appelle :

Le moment que j'ai préféré cette année :

Un dessin ?

Ce que j'ai préféré apprendre :

Une qualité de la maîtresse ou du maître :

Mon message à la maîtresse ou au maître :

Le souvenir que la maîtresse ou le maître gardera
(et c'est elle ou lui qui remplira cette case !)

Je m'appelle :

Le moment que j'ai préféré cette année :

Un dessin ?

Ce que j'ai préféré apprendre :

Une qualité de la maîtresse ou du maître :

Mon message à la maîtresse ou au maître :

Le souvenir que la maîtresse ou le maître gardera
(et c'est elle ou lui qui remplira cette case !)

Je m'appelle :

Le moment que j'ai préféré cette année :

Un dessin ?

Ce que j'ai préféré apprendre :

Une qualité de la maîtresse ou du maître :

Mon message à la maîtresse ou au maître :

Le souvenir que la maîtresse ou le maître gardera
(et c'est elle ou lui qui remplira cette case !)

Je m'appelle :

Le moment que j'ai préféré cette année :

Un dessin ?

Ce que j'ai préféré apprendre :

Une qualité de la maîtresse ou du maître :

Mon message à la maîtresse ou au maître :

Le souvenir que la maîtresse ou le maître gardera
(et c'est elle ou lui qui remplira cette case !)

Je m'appelle :

Le moment que j'ai préféré cette année :

Un dessin ?

Ce que j'ai préféré apprendre :

Une qualité de la maîtresse ou du maître :

Mon message à la maîtresse ou au maître :

Le souvenir que la maîtresse ou le maître gardera
(et c'est elle ou lui qui remplira cette case !)

Je m'appelle :

Le moment que j'ai préféré cette année :

Un dessin ?

Ce que j'ai préféré apprendre :

Une qualité de la maîtresse ou du maître :

Mon message à la maîtresse ou au maître :

Le souvenir que la maîtresse ou le maître gardera
(et c'est elle ou lui qui remplira cette case !)

Je m'appelle :

Le moment que j'ai préféré cette année :

Un dessin ?

Ce que j'ai préféré apprendre :

Une qualité de la maîtresse ou du maître :

Mon message à la maîtresse ou au maître :

Le souvenir que la maîtresse ou le maître gardera
(et c'est elle ou lui qui remplira cette case !)

Je m'appelle :

Le moment que j'ai préféré cette année :

Un dessin ?

Ce que j'ai préféré apprendre :

Une qualité de la maîtresse ou du maître :

Mon message à la maîtresse ou au maître :

Le souvenir que la maîtresse ou le maître gardera
(et c'est elle ou lui qui remplira cette case !)

Je m'appelle :

Le moment que j'ai préféré cette année :

Un dessin ?

Ce que j'ai préféré apprendre :

Une qualité de la maîtresse ou du maître :

Mon message à la maîtresse ou au maître :

Le souvenir que la maîtresse ou le maître gardera
(et c'est elle ou lui qui remplira cette case !)

Je m'appelle :

Le moment que j'ai préféré cette année :

Un dessin ?

Ce que j'ai préféré apprendre :

Une qualité de la maîtresse ou du maître :

Mon message à la maîtresse ou au maître :

Le souvenir que la maîtresse ou le maître gardera
(et c'est elle ou lui qui remplira cette case !)

Je m'appelle :

Le moment que j'ai préféré cette année :

Un dessin ?

Ce que j'ai préféré apprendre :

Une qualité de la maîtresse ou du maître :

Mon message à la maîtresse ou au maître :

Le souvenir que la maîtresse ou le maître gardera
(et c'est elle ou lui qui remplira cette case !)

Je m'appelle :

Le moment que j'ai préféré cette année :

Un dessin ?

Ce que j'ai préféré apprendre :

Une qualité de la maîtresse ou du maître :

Mon message à la maîtresse ou au maître :

Le souvenir que la maîtresse ou le maître gardera
(et c'est elle ou lui qui remplira cette case !)

Je m'appelle :

Le moment que j'ai préféré cette année :

Un dessin ?

Ce que j'ai préféré apprendre :

Une qualité de la maîtresse ou du maître :

Mon message à la maîtresse ou au maître :

Le souvenir que la maîtresse ou le maître gardera
(et c'est elle ou lui qui remplira cette case !)

Je m'appelle :

Le moment que j'ai préféré cette année :

Un dessin ?

Ce que j'ai préféré apprendre :

Une qualité de la maîtresse ou du maître :

Mon message à la maîtresse ou au maître :

Le souvenir que la maîtresse ou le maître gardera
(et c'est elle ou lui qui remplira cette case !)

Je m'appelle :

Le moment que j'ai préféré cette année :

Un dessin ?

Ce que j'ai préféré apprendre :

Une qualité de la maîtresse ou du maître :

Mon message à la maîtresse ou au maître :

Le souvenir que la maîtresse ou le maître gardera
(et c'est elle ou lui qui remplira cette case !)

Je m'appelle :

Le moment que j'ai préféré cette année :

Un dessin ?

Ce que j'ai préféré apprendre :

Une qualité de la maîtresse ou du maître :

Mon message à la maîtresse ou au maître :

Le souvenir que la maîtresse ou le maître gardera
(et c'est elle ou lui qui remplira cette case !)

Je m'appelle :

Le moment que j'ai préféré cette année :

Un dessin ?

Ce que j'ai préféré apprendre :

Une qualité de la maîtresse ou du maître :

Mon message à la maîtresse ou au maître :

Le souvenir que la maîtresse ou le maître gardera
(et c'est elle ou lui qui remplira cette case !)

Je m'appelle :

Le moment que j'ai préféré cette année :

Un dessin ?

Ce que j'ai préféré apprendre :

Une qualité de la maîtresse ou du maître :

Mon message à la maîtresse ou au maître :

Le souvenir que la maîtresse ou le maître gardera
(et c'est elle ou lui qui remplira cette case !)

Je m'appelle :

Le moment que j'ai préféré cette année :

Un dessin ?

Ce que j'ai préféré apprendre :

Une qualité de la maîtresse ou du maître :

Mon message à la maîtresse ou au maître :

Le souvenir que la maîtresse ou le maître gardera
(et c'est elle ou lui qui remplira cette case !)

Je m'appelle :

Le moment que j'ai préféré cette année :

Un dessin ?

Ce que j'ai préféré apprendre :

Une qualité de la maîtresse ou du maître :

Mon message à la maîtresse ou au maître :

Le souvenir que la maîtresse ou le maître gardera
(et c'est elle ou lui qui remplira cette case !)

Je m'appelle :

Le moment que j'ai préféré cette année :

Un dessin ?

Ce que j'ai préféré apprendre :

Une qualité de la maîtresse ou du maître :

Mon message à la maîtresse ou au maître :

Le souvenir que la maîtresse ou le maître gardera
(et c'est elle ou lui qui remplira cette case !)

Je m'appelle :

Le moment que j'ai préféré cette année :

Un dessin ?

Ce que j'ai préféré apprendre :

Une qualité de la maîtresse ou du maître :

Mon message à la maîtresse ou au maître :

Le souvenir que la maîtresse ou le maître gardera
(et c'est elle ou lui qui remplira cette case !)

Je m'appelle :

Le moment que j'ai préféré cette année :

Un dessin ?

Ce que j'ai préféré apprendre :

Une qualité de la maîtresse ou du maître :

Mon message à la maîtresse ou au maître :

Le souvenir que la maîtresse ou le maître gardera
(et c'est elle ou lui qui remplira cette case !)

Je m'appelle :

Le moment que j'ai préféré cette année :

Un dessin ?

Ce que j'ai préféré apprendre :

Une qualité de la maîtresse ou du maître :

Mon message à la maîtresse ou au maître :

Le souvenir que la maîtresse ou le maître gardera
(et c'est elle ou lui qui remplira cette case !)

Je m'appelle :

Le moment que j'ai préféré cette année :

Un dessin ?

Ce que j'ai préféré apprendre :

Une qualité de la maîtresse ou du maître :

Mon message à la maîtresse ou au maître :

Le souvenir que la maîtresse ou le maître gardera
(et c'est elle ou lui qui remplira cette case !)

Je m'appelle :

Le moment que j'ai préféré cette année :

Un dessin ?

Ce que j'ai préféré apprendre :

Une qualité de la maîtresse ou du maître :

Mon message à la maîtresse ou au maître :

Le souvenir que la maîtresse ou le maître gardera
(et c'est elle ou lui qui remplira cette case !)

Je m'appelle :

Le moment que j'ai préféré cette année :

Un dessin ?

Ce que j'ai préféré apprendre :

Une qualité de la maîtresse ou du maître :

Mon message à la maîtresse ou au maître :

Le souvenir que la maîtresse ou le maître gardera
(et c'est elle ou lui qui remplira cette case !)

Je m'appelle :

Le moment que j'ai préféré cette année :

Un dessin ?

Ce que j'ai préféré apprendre :

Une qualité de la maîtresse ou du maître :

Mon message à la maîtresse ou au maître :

Le souvenir que la maîtresse ou le maître gardera
(et c'est elle ou lui qui remplira cette case !)

Je m'appelle :

Le moment que j'ai préféré cette année :

Un dessin ?

Ce que j'ai préféré apprendre :

Une qualité de la maîtresse ou du maître :

Mon message à la maîtresse ou au maître :

Le souvenir que la maîtresse ou le maître gardera
(et c'est elle ou lui qui remplira cette case !)

Paroles de parents

Chers parents, c'est ici que sont attendus vos mots à destination de la maîtresse ou du maître de votre enfant.

Qu'avez-vous à lui dire après cette année ? Une anecdote marquante à raconter, sur le moment des devoirs notamment ? Peut-être une nouvelle habitude que votre enfant a importée à la maison, héritée d'une leçon qui l'a particulièrement marqué ?

Paroles de collègues

Chers collègues, laissez ici vos petits mots à destination de la maîtresse ou du maître qui reçoit ce carnet, en souvenir de cette année passée à ses côtés. Une anecdote marquante, un moment de soutien et d'écoute important, un fou rire lors d'une récréation ?

C'est le moment de se le rappeler !

Les discussions les plus marquantes ou amusantes
de nos récréations et déjeuners ensemble :

LE TEMPS DES *confidences*

Le dernier jour n'est pas un jour comme les autres. Le programme est fini, les dessins doivent être décrochés des murs, les tables et chaises que vous aviez disposées à votre façon doivent être remises à leur place... mais il est encore trop tôt pour vous laisser aller à la nostalgie ! Alors, parcourez les activités proposées dans cette deuxième partie au gré de vos envies, et partagez des discussions et des fous rires inoubliables avec vos élèves.

Temps estimé : 2 heures

Confidences des élèves
À LA MAÎTRESSE OU AU MAÎTRE

Quelle année on a passée ! Et si on se remémorait nos meilleurs souvenirs ?

Maîtresse, Maître, posez la question et chaque élève écrit sa réponse sur son ardoise (ou lève le doigt pour l'exprimer à l'oral, selon le niveau de la classe).

Temps estimé : 30 minutes

Un, deux, trois, levez vos ardoises !

Qu'avez-vous pensé la première fois que vous avez vu la maîtresse ou le maître ?

Les meilleures réponses obtenues :

Le ressenti de la maîtresse ou du maître :

Quel a été notre plus grand fou rire ?

Les meilleures réponses obtenues :

L'avis de la maîtresse ou du maître :

Quel a été votre moment préféré avec la classe cette année ?

Les meilleures réponses obtenues :

L'avis de la maîtresse ou du maître :

Qu'est-ce que la maîtresse ou le maître dit tout le temps ?

Les meilleures réponses obtenues :

L'avis de la maîtresse ou du maître :

Quelle sortie scolaire avez-vous préférée ?

Les meilleures réponses obtenues :

L'avis de la maîtresse ou du maître :

Quelle chanson ou poésie avez-vous préféré apprendre ?

Les meilleures réponses obtenues :

L'avis de la maîtresse ou du maître :

Cette année, nous avons abordé plein de sujets : l'écologie, la politesse, l'organisation des devoirs, l'hygiène... Qu'est-ce qui a changé comme habitude à la maison depuis cette année ?

Les meilleures réponses obtenues :

L'avis de la maîtresse ou du maître :

Et si vous essayiez de dessiner la maîtresse ou le maître ?

Confidences de la maîtresse ou du maître

AUX ÉLÈVES

Ici, et pour une fois, ce sont les élèves qui posent les questions. Une maîtresse ou un maître sont des personnes que l'on voit tous les jours mais qui restent bien mystérieuses... Comme c'est le dernier jour, il est temps de se laisser aller à quelques confidences qui raviront les élèves et combleront enfin cette insatiable curiosité d'enfant !

Maîtresse, Maître, faites passer le livre aux élèves pour qu'ils lisent tour à tour une question. Si certaines de ces questions vous gênent, vous pouvez les barrer au feutre noir avant de faire circuler le livre. Si cela vous semble intéressant et adapté, ou si vos élèves ne savent pas lire, vous pouvez également les transformer en devinettes ou en confidences !

Temps estimé : 1 heure

Dites-nous Maîtresse, dites-nous Maître...

Où vivez-vous ?

Quel âge avez-vous ?

De qui est composée votre famille ?

Avez-vous des animaux domestiques ?

Comment s'appellent-ils ?

Faites-vous du sport ?

Lequel ?

Pratiquez-vous une activité artistique ?

Laquelle ?

Quelle est votre couleur préférée ?

Qui est votre idole ?

Quel est votre film préféré ?

De quoi est-ce que cela parle ?

Quel est votre livre préféré ?

De quoi est-ce que cela parle ?

Quelle est votre chanson préférée ?

Pouvez-vous nous la faire écouter ?

Qu'avez-vous prévu de faire pendant les vacances ?

Aimiez-vous l'école lorsque vous étiez enfant ?

Quelle était votre matière préférée lorsque vous étiez élève ?

Quelle était celle que vous aimiez le moins ?

Quelle est la matière que vous préférez enseigner ?

Quelle est celle que vous aimez le moins enseigner ?

Qui est la maîtresse ou le maître qui vous a le plus marqué.e lorsque vous étiez élève ?

Pourquoi ?

Quel métier souhaitiez-vous faire lorsque vous étiez enfant ?

Qu'est-ce qui vous a donné envie de devenir professeur.e des écoles ?

Si vous n'étiez pas professeur.e des écoles, quel métier souhaiteriez-vous exercer ?

Qu'aimeriez-vous que l'on retienne de cette année avec vous ?

Y a-t-il d'autres questions ?

BONUS

Faits surprenants et amusants

À L'USAGE DES MAÎTRESSES ET MAÎTRES QUI VEULENT IMPRESSIONNER OU FAIRE RIRE LEURS ÉLÈVES

Maîtresse, Maître, s'il vous reste encore un peu de temps, vous pouvez partager ce contenu avec la classe, nul doute que cela impressionnera vos élèves ! Sinon, réservez ces informations pour votre future classe.

INCROYABLE, ET PARFOIS DÉGOÛTANT, MAIS VRAI !

Même si vous avez terminé le programme, l'année n'est pas encore tout à fait achevée. Il est donc encore temps de transmettre à vos élèves d'ultimes connaissances... pour le moins surprenantes. Apprendre en riant, c'est possible !

Durant la Première Guerre mondiale, on donnait des asperges aux soldats américains pour qu'ils puissent attraper des poissons plus facilement... grâce à leur urine !

En fait, manger des asperges produit une substance chimique qui modifie l'odeur de notre pipi (vous en avez peut-être déjà fait l'expérience si vous aimez les asperges). Or, il se trouve que les poissons sont fortement attirés par cette substance. Pas mal pour les sessions pêche !

Notre peau se renouvelle tous les 27 jours.

Au cours de notre vie, nous changeons de peau environ mille fois ! Les peaux mortes tombent, notamment quand nous nous lavons, et laissent ensuite place à une toute nouvelle peau, qui est juste en dessous.

La langue de la baleine bleue peut peser autant qu'un éléphant entier.

Impressionnant, n'est-ce pas ?

On avale tous les jours au moins 1 litre de morve.

Bon appétit !

À l'échelle d'une vie, la quantité moyenne d'urine produite par une personne est équivalente à 350 baignoires pleines.

L'urine est un mélange d'eau (à 96 %) et de déchets. L'eau contenue dans les aliments et les boissons que nous avalons traverse notre paroi intestinale (il s'agit de la peau qui entoure notre intestin), passe par notre sang, puis est enfin transformée en urine !

Il est impossible de fredonner en se pinçant le nez.

C'est l'air qui sort du nez qui est à l'origine du son lorsqu'on fredonne. Il est donc normal qu'aucun son ne sorte lorsque le nez est bloqué. Essayez, vous verrez !

Le paresseux peut retenir sa respiration plus longtemps que le dauphin.

Le dauphin peut retenir sa respiration durant dix minutes, ce qui est déjà pas mal, avouons-le... Mais le paresseux, lui, est capable d'aller jusqu'à quarante minutes !

Les pieuvres possèdent 3 cœurs.

Eh oui ! Le premier sert à pomper le sang dans leur corps et les deux autres à faire fonctionner les branchies.

Vos lèvres ne se touchent pas quand vous dites « toucher » mais elles se touchent quand vous dites « séparer ».

Essayez, vous nous en direz des nouvelles !

BONUS

LES QUESTIONS DIFFICILES (ET SURTOUT LEUR RÉPONSE !)

Vous êtes parfois démuni.e face aux questions de certains élèves. On a trouvé les réponses à cinq de leurs questions les plus déroutantes pour que vous puissiez les épater une dernière fois avant les vacances. Vous êtes bien placé.e pour le savoir : on n'est jamais trop vieux pour apprendre !

Est-ce qu'on mangeait des frites à l'époque des chevaliers ?

Non, parce qu'il n'y avait pas encore de pommes de terre en Europe. En fait, la pomme de terre est originaire d'Amérique du Sud, et plus précisément du Pérou et du Chili. Elle arrive en Espagne au XVIe siècle, puis est diffusée, entre autres, en Allemagne, en Angleterre, et bien sûr dans les Flandres. Il faudra attendre le XVIIIe siècle pour que la pomme de terre entre dans les mœurs de la France. Jusqu'alors, les Français considéraient qu'il s'agissait d'une nourriture pour les animaux, et donc s'en méfiaient. Heureusement, l'apothicaire Antoine Parmentier (oui oui, comme le hachis) se chargea de faire aimer la pomme de terre aux Français. À nous les frites !

Pourquoi La Vache qui rit, elle rit ?

Ce fromage a été mis au point en 1921 (soit il y a plus de cent ans !) par Léon Bel. Alors qu'il cherchait un nom pour son produit, il aurait entendu sa femme jouer au piano la célèbre *Chevauchée des Walkyries* de Wagner. La sonorité du mot « walkyrie » l'aurait immédiatement inspiré, au point qu'il a décidé de nommer sa marque « La Vache qui rit ».

Pourquoi la mer est bleue ?

La mer est bleue pour deux raisons. D'abord, elle n'est à proprement parler bleue que quand le ciel est lui-même bleu : celui-ci se reflète sur la mer et lui donne sa teinte bleutée. Ensuite, sa couleur est due à la grande quantité d'eau présente. Faites le test quand vous serez en vacances : prélevez un tout petit peu d'eau de mer dans un verre, et observez-la. Vous découvrirez qu'elle est transparente comme l'eau qui coule du robinet de votre maison !

Pourquoi les flamants roses sont-ils roses ?

En fait, les flamants roses ne sont pas forcément tous roses. Leur couleur provient de leur alimentation, en l'occurrence des crevettes roses. À l'état sauvage, celles-ci constituent la base de leur alimentation, mais il arrive que les flamants soient nourris autrement dans certains zoos… et, dans ce cas, ils deviennent gris. Pour leur faire retrouver leur couleur naturelle, certains soignants leur donnent à manger un colorant rose que l'on appelle « canthaxanthine ». (Le premier qui réussit à écrire le nom du colorant sans la moindre faute gagne une sucette ! Ou même une crevette !)

Pourquoi, quand il fait froid, on a la chair de poule ?

Ce phénomène nous vient du temps où l'être humain était recouvert de poils (il y a un bout de temps, donc). Lorsqu'il faisait froid, les poils des humains se dressaient instinctivement afin de créer une couche d'air isolante entre la peau et les poils. C'était une réponse naturelle au besoin d'atténuer le froid. Mais, soyons honnêtes, ça ne fonctionne plus tellement aujourd'hui… mieux vaut une bonne couverture !

Et parce qu'on n'en a jamais assez, une série de nouvelles questions existentielles… dont on vous laisse le soin de trouver les réponses ! (Pourquoi pas en classe avec les élèves ?)

- *Si on mouille une amande, est-ce toujours un fruit sec ?*
- *Jusqu'où les chauves se lavent-ils le visage ?*
- *Pourquoi le mot « abréviation » est-il si long ?*
- *Qui teste les nouvelles marques de nourriture pour chien qui sont censées avoir une meilleure saveur ?*
- *Pourquoi est-ce que le mot « synonyme » n'a pas de synonyme ?*

Bon courage…

Et vous, vous souvenez-vous de questions pièges auxquelles vous avez eu beaucoup de mal à répondre ?

BONUS

ÉNIGMES : RÉVEILLEZ LE DÉTECTIVE QUI EST EN CHACUN DE VOS ÉLÈVES

Nous le savons, vos élèves sont de vrais petits curieux. Rien de tel, donc, qu'une bonne série d'énigmes pour activer leur imagination et faire naître une étincelle dans leurs yeux. Vous pouvez en résoudre certaines ensemble, et pourquoi pas leur en donner d'autres à résoudre pour la rentrée. Nous sommes certains qu'ils s'y mettront bien plus volontiers qu'à leur traditionnel cahier de vacances !

À vos loupes !

Je suis depuis très longtemps dans la mer, mais je ne sais pas nager. Qui suis-je ?

Réponse : le sable.

Qu'est-ce qui s'est passé hier à Paris entre 6 heures et 7 heures du matin ?

Réponse : une heure.

Il t'appartient entièrement, mais tout le monde l'utilise. Qu'est-ce ?

Réponse : ton nom.

L'affirmation suivante « Le mot Paris commence par un P et finit par un F. » est juste. Pourquoi ?

Réponse : parce que le mot « Paris » commence par la lettre P et le mot « finit » par la lettre F.

Un petit enfant est assis à un endroit où, même s'il se lève et part, vous ne pourrez jamais vous asseoir.
Où est-il assis ?

Réponse : sur vos genoux !

Si un bébé naît en Argentine mais qu'il déménage en Allemagne, quand il aura deux ans, où est-ce que ses dents pousseront ?

Réponse : dans sa bouche !

J'ai quatre pieds, mais je ne peux pas marcher.
Qui suis-je ?

Réponse : une table.

Si j'ai un aquarium avec douze poissons et que cinq d'entre eux se noient. Combien en restera-t-il ?

Réponse : douze, car les poissons ne se noient pas.

LE TEMPS DU *bilan*

Chaque année scolaire apporte son lot de nouveaux souvenirs. Si certains sont impérissables, il devient difficile de tous se les remémorer d'année en année et vous regrettez déjà de ne pas avoir pensé à noter la blague tordante que vous avait faite Raphaël (ou était-ce Jules ?) à l'occasion d'une ancienne kermesse de l'école. Pour que cela n'arrive plus, voici un troisième et dernier espace susceptible de recueillir, entre autres, les paroles, photos et moments les plus précieux de l'année écoulée.

Les perles de l'année

Cette année, quelques réponses ou questions d'élèves m'ont fait sourire, voire éclater de rire !

Voici celles qui m'ont particulièrement marqué.e :

Par

Contexte :

La perle :

« »

Par

Contexte :

La perle :

« »

Par

Contexte :

La perle :

« »

Par

Contexte :

La perle :

« »

ET QUELQUES PERLES À DÉCOUVRIR !

Ah, les ambitions des élèves ! Voici une sélection de désirs d'enfants, drôles et mignons, peut-être un poil démesurés, partagés par vos collègues...

QUAND JE SERAI GRAND OU GRANDE...

- Je serai cliente d'un supermarché. J'achèterai des courgettes, des brocolis et des tomates, puis je ferai de la soupe en rentrant à la maison.
- Je veux être rentier.
- J'irai chez un vétérinaire jusqu'à mes 20 ans. Puis je deviendrai ingénieure.
- Je veux avoir ma propre machine à laver pour pouvoir laver et étendre mes chaussettes tout seul.
- Je veux être un chien.

MON RÊVE, C'EST...

- D'avoir 2 euros et 50 centimes.
- De rester petit quand je serai grand.

SI JE POUVAIS CHOISIR MON ÂGE, JE VOUDRAIS AVOIR...

27 ans.

Pourquoi ?

Pour pouvoir couper seul ma nourriture.

L'âge de fumer la pipe.

Pourquoi ?

Pour pouvoir fumer la pipe.

La photo de classe

Les élèves

Bien sûr, j'aime tous mes élèves... Mais entre nous...

Bon, maintenant, je peux le dire, cette année, mon chouchou était :

L'élève qui a le plus progressé :

L'élève le plus sage :

L'élève le plus drôle :

L'élève qui m'a le plus touché.e :

Les moments forts de l'année

LE CARNAVAL

Je me suis déguisé.e en : _______________________

Les costumes des élèves qui m'ont marqué.e : _______________

Des photos ?

LES CHANTS APPRIS

____

____

____

____

LES POÉSIES ÉTUDIÉES

____

____

____

____

____

____

LES PROJETS D'ARTS PLASTIQUES

____

____

____

____

Une photo ?

UNE SORTIE SCOLAIRE

Date : _ _ _ _ _ _ _ _ _ _ _

Lieu : _ _ _ _ _ _ _ _ _ _ _

Une photo ?

UNE AUTRE SORTIE SCOLAIRE

Date : _ _ _ _ _ _ _ _ _ _ _

Sujet : _ _ _ _ _ _ _ _ _ _ _

LES CADEAUX POUR LES FÊTES DES MÈRES ET DES PÈRES

LES EXPOSÉS OU PROJETS PRÉPARÉS PAR LES ÉLÈVES

La salle de classe

Qu'est-ce que j'ai aimé dans la façon d'organiser ma salle de classe cette année ?

Qu'est-ce que je garderai ?

Qu'est-ce que je ne referai pas ?

Des photos ?

Les petits cadeaux reçus

Fruits ou fleurs du jardin, dessins, gâteaux maison… Les élèves adorent apporter des petits présents pour vous gâter.

Qu'avez-vous reçu cette année ?

Par

Petit cadeau :

Par

Petit cadeau :

Par

Petit cadeau :

Par

Petit cadeau :

Par

Petit cadeau :

Par

Petit cadeau :

Les enseignements de l'année

Mes lectures pédagogiques cette année :

Ce que j'en ai retiré :

Les formations suivies cette année :

Ce que j'en ai retiré :

Les ressentis de l'année

Trois mots-clés pour décrire cette année :

Agitée

Riche

Challengeante

Facile

Difficile

Joyeuse

Forte

Marrante

Triste

Mémorable

Ordinaire

Stressante

Fatigante

Surprenante

Innovante

Enthousiasmante

Importante

Sereine

Frustrante

Autre : ....

Pourquoi ?

Qu'est-ce que je me suis dit le jour de la rentrée sur ma nouvelle classe ?

Mes impressions sont-elles confirmées en cette fin d'année scolaire ?

Trois souvenirs marquants que je garderai de cette année :

1.

2.

3.

Mes trois meilleurs moments d'enseignant.e cette année :

1. ______________________________

____

2. ______________________________

____

3. ______________________________

____

Trois situations difficiles que j'ai réussi à résoudre cette année :

1. ______________________________

____

2. ______________________________

____

3. ______________________________

____

De quelle réussite puis-je me féliciter ?

____

____

____

____

____

____

____

Cela peut arriver… Un échec cette année :

Ce que j'en retiens :

Un moment qui m'a particulièrement ému.e :

Un compliment qui m'a particulièrement touché.e :

m'a dit : « »

Qui m'inspire dans ma façon d'enseigner ?

Des idées, des envies pour l'année prochaine :

Et dans ma vie privée, qu'est-ce qui a marqué cette année ?

En quoi cela a-t-il impacté mon travail ?

Qu'est-ce que je pense de mon équilibre vie privée – vie professionnelle cette année ?

Qu'aimerais-je que mes élèves retiennent de moi en tant qu'enseignant.e ?

Quelque chose que j'ai essayé cette année et que je referai les prochaines années :

Quelque chose que j'ai essayé cette année et que je ne referai pas les prochaines années :

Une bonne résolution que je prends pour l'année prochaine :

Une mauvaise habitude à abandonner :

Une bonne habitude à adopter :

Quel conseil donnerais-je à l'enseignant.e que j'étais en début de carrière ?

De quoi d'autre ai-je envie de me souvenir ?

De quoi d'autre ai-je envie de me souvenir ?

UN MOT de remerciement

Ça y est, l'année est officiellement terminée ! Soyons honnêtes, élèves, parents et collègues sont tous du même avis : vous faites un travail formidable et votre école est chanceuse de vous compter parmi les siens.

Nous espérons que vous avez pris un grand plaisir à lire les mots doux de vos élèves et que la perspective de pouvoir les conserver pour toujours dans ce carnet vous réjouit. Nous croisons également les doigts pour que les activités aient rendu le dernier jour de classe unique et inoubliable, autant à vos yeux qu'à ceux des enfants. Enfin, nous serions ravis si les questions bilan avaient pu vous aider à mettre des mots sur vos ressentis de l'année et à y voir plus clair sur le plan professionnel et sur le plan personnel.

Avant de vous laisser ranger soigneusement ce livre dans votre bibliothèque et attaquer une nouvelle rentrée, nous avons encore une dernière petite chose à vous dire...

MERCI MAÎTRESSE (OU MAÎTRE, BIEN SÛR) !

Ouvrage publié sous la direction d' Aurélie Starckmann
Réalisation éditoriale : Eulalie Chantreux, assistée d'Alice Horusitzky
Conception graphique et mise en page : Émilie Laudrin
Relecture et correction : Magali Vidal

Illustrations : © shutterstock, © freepik.

Éditions Albin Michel
22, rue Huyghens, 75014 Paris
www.albin-michel.fr

ISBN : 978-2-226-48268-6
N° d'édition : 25365/1
Dépôt légal : mai 2023
Imprimé en avril 2023 par TBB, a.s., Slovaquie.